Les rêves te feront pleurer

Sarra Salhi

Édition : BoD • Books on Demand GmbH, In de Tarpen 42, 22848 Norderstedt (Allemagne)

Les rêves te feront pleurer © 2024, Sarra Salhi

Tous droits réservés.

Aucune partie de ce recueil ne peut être reproduite, stockée dans un système de recherche documentaire ni transmise sous quelque forme ou par quelque moyen que ce soit, électronique, mécanique, photocopie, enregistrement, ou autre, sans l'autorisation préalable de l'éditeur ou de l'auteur.

Ce livre est une auto-édition, réalisée de manière indépendante. Bien que tous les efforts aient été faits pour garantir la qualité du contenu, il est possible que des erreurs typographiques, grammaticales ou d'orthographe subsistent.

Toute erreur éventuelle ne compromet en rien la valeur ou le message de l'œuvre. Nous vous remercions de votre compréhension et de votre soutien.

Impression : Libri Plureos GmbH, Friedensallee 273, 22763 Hamburg (Allemagne)

ISBN: 978-2-3225-4324-3

Dépôt légal: Septembre 2024

Préface

Ce recueil de poésie est né de la conviction que l'amour est bien plus qu'un simple jeu, c'est un duel passionné où chaque point marque une victoire, où chaque échange est un rapport de force entre deux âmes en quête d'harmonie. Dans cet univers où les émotions s'entremêlent comme les lignes d'un court de tennis, j'ai voulu explorer la tension entre l'effervescence des sentiments et la rigueur du jeu, entre la passion dévorante et la précision technique.

Le recueil parle des rêves gâchés, des choses que l'on saisit du bout des doigts mais que l'on ne parvient jamais à attraper pleinement. C'est un hommage à ces moments éphémères de bonheur qui nous échappent, et aux regrets qui les accompagnent. Dans ce contexte, l'indifférence apparaît comme la force destructrice qui transforme l'espoir en désillusion.

"Les rêves te feront pleurer" n'est pas simplement une collection de poèmes, c'est une invitation à ressentir, à vivre et à comprendre l'impact de l'indifférence sur nos vies. J'ai voulu créer des nuances, une palette émotionnelle riche qui monte vers les hauteurs passionnées de l'amour et descend dans les profondeurs de la douleur. Mon objectif est de susciter l'empathie chez les lecteurs, de les amener à réfléchir sur leurs propres relations et sur l'importance de ne pas laisser l'indifférence s'installer.

En ces temps où tout semble aller vite, où les connexions humaines sont souvent superficielles, "Les rêves te feront pleurer" est un rappel poignant de la fragilité de nos sentiments. Il nous incite à chérir chaque instant, à exprimer nos émotions et à combattre l'indifférence, cette ennemie insidieuse qui peut faire mourir même les sentiments les plus forts.

C'est dans ce contexte de luttes intérieures et de quête de justice que je vous laisse flirter, entre le désir et la frustration, car au final, peut-être que l'amour n'est pas tant une quête à accomplir mais un voyage à savourer, où chaque instant, chaque émotion, chaque échange, est une destination en soi.

Que ce recueil vous invite à explorer le véritable sens de vos propres rêves, à embrasser la dualité de l'amour et à découvrir, dans chaque ligne, la promesse d'un nouveau départ.

Bien à vous,

Sarra Salhi

12
L'AMOUR
TRAVERSE L'ÂME

31

BRAS CHAUDS

47
JE M'ENIVRE
DE TOI

76

RÊVES GACHÉS

101

DRAPS FROIDS

128
LARMES
SUR L'OREILLER

Sarra Salhi

Cher petit coeur,

Je suis en bras de fer constant avec toi.
Je semble perdre à chaque fois.
Je pense qu'il est temps
que tu me laisses
un peu gagner.

Affectueusement,
petit esprit.

les rêves te feront pleurer

J'ai écrit cette romance
parce qu'elle comptait pour moi.

Si tu étais l'auteur de ce livre,
tu m'interromprais
pour donner une version abrégée,

car je sais,
que je n'occupais pas la même place
dans ton cœur.

*l'amour
traverse l'âme.*

---

*le désir
s'exprime à
travers les yeux.*

les rêves te feront pleurer

Il était là,
dans l'atmosphère
bruyante et fiévreuse,
comme une étoile forcée de briller
au milieu des requins affamés
et des journalistes avides de mots.

Il était là,
dans l'air étouffant,
mais sa présence illuminait la pièce
d'une lueur mentholée.

J'étais là,
au cœur de cette mêlée,
prenant place à l'arrière,
noyée dans cet océan de chaos
et de pression médiatique.

J'étais là,
comme une fleur fragile
qui éclot au milieu du béton.

Nos yeux se parlaient
des heures en silence.

Il ignorait tout de moi,
même mon nom.

Il brûlait d'envie de connaitre
ce détail insignifiant.

les rêves te feront pleurer

J'ai toujours aimé la façon
Dont tes yeux me regardaient,
Perçants,
Chaleureux,
Tendres.

Ils avaient vu tant de belles choses,
Des merveilles plus éclatantes,
Avant moi.

Peut-être que tes rétines
Ne supportaient plus la lumière,
Alors ils se sont égarées,
Un court instant,

Car des yeux comme les tiens
Ne se posent jamais
Sur les fleurs qui éclosent
Dans l'ombre.

Après tout,
Ils ont choisi de me regarder.

Dans la nuit obscure,
Le sommeil m'échappe,
Insaisissable et capricieux.

La beauté qu'il irradiait,
Illuminait les ténèbres, visible
Même dans le coeur d'un aveugle.

les rêves te feront pleurer

la première fois
que je t'ai vu

je savais
que tu étais

la personne
que mon cœur

désirais
depuis tout ce temps

D'une caresse maladroite,
du bout des doigts,
tu es tombé amoureux
de chaque atome
de ce que les autres
considéraient chez moi
comme un défaut.

Tu m'as aimé
dès le premier jour.
Tu m'as dit :

" je t'aime "

Sans que nos cœurs
établissent des liens.

les rêves te feront pleurer

*Je ne veux pas de toi.
Mais dans mes rêves,
J'ai l'air d'être plus honnête.*

*Tu es tout ce dont j'ai besoin
pour rompre une promesse.*

J'adore la manière dont il grimace
lors des matchs de tennis.
Ses émotions brutes sont captivantes,
surtout quand il pousse des cris de frustration
ou qu'il conteste un arbitre injuste.

Je succombe sans réserve à son charme
quand il parle
avec cet accent "*frenchy*".

J'aime assister à ses victoires
et à l'humilité dont il fait preuve,
peu importe l'issue d'un match,
qu'il gagne ou qu'il perde.

Je sais qu'il me réserve une place spéciale
que nulle autre âme ne peut revendiquer,
parmi la foule qui l'acclame.

les rêves te feront pleurer

Le doux parfum des pelouses,
Soigneusement entretenues,
Et des allées de lilas
Qui bordent les courts de tennis.

Les joueurs échangent des balles
Avec une précision parfaite,
Laissant derrière eux des traces
Fugaces de leur passage
Sur la terre battue.

Les femmes élégantes,
Assises dans les tribunes,
Coiffées d'un couvre-chef,
Conférant à chacune
Une aura mystérieuse.

C'est comme découvrir un univers
Que je n'avais jusqu'alors connu
Qu'à travers l'écran de ma télévision.

Chaque instant passé là-bas
Est une immersion,
Une réalité nouvelle et captivante,
Loin des images familières
De mon quotidien.

Le regard est une danse,
Les échanges sont des poèmes,
Des vers en mouvement
Où se mêlent la force d'un geste
À la tension d'un jeu passionné.

Chaque balle frappée
est une inspiration trouvée,
Chaque point gagné
est un cri de bonheur,
Chaque point perdu
est un soupir de défaite.

les rêves te feront pleurer

Au cœur de ce moment fragile,
Il joue son ultime set,
Défiant la défaite.

Ses peurs grandissent.
La pression des parieurs
Pèse lourdement sur ses épaules.

Je connais ton nom,
> *mais j'ignore ton histoire.*

Je vois ton sourire,
> *mais pas ta souffrance.*

Je peux lire sur tes lèvres,
> *mais pas dans tes pensées.*

les rêves te feront pleurer

Certaines personnes aiment
regarder les couchers de soleil,

certaines personnes aiment
regarder les étoiles,

mais moi,

— *j'aime le regarder.*

Tu fixais intensément cette petite balle jaune, la tenant comme si elle était la clé d'un mystère. D'une voix douce, tu m'as murmuré :
"*Regarde. Avec ça, je pourrais conquérir le monde entier, même ton cœur, si tu me laisses essayer.*"

Un sourire incertain a effleuré mes lèvres.
"*Es-tu vraiment sûr de toi ?*"

"*Absolument. Parce que tout ce que je veux, je l'obtiens.
Et maintenant, tout ce que je veux, c'est être avec toi.*"

Ces mots simples ont fait accélérer les battements de mon cœur. Tu avais ce don étrange de transformer les moments les plus anodins en quelque chose de magique.

Depuis ce jour, cette balle jaune fluorescente n'était plus un simple objet ; elle était devenue le symbole de notre histoire, de ta détermination à conquérir le monde—et moi. Je dois avouer que j'en étais ensorcelée.

Plus tard, quand tu la tenais fermement entre tes mains, je ne voyais plus seulement une balle jaune fluorescente, mais mon cœur lui-même. Tu la serrais avec une assurance désarmante, et je me suis surprise à te lancer, avec un brin de malice :
"*Promets-moi de ne pas frapper mon cœur à plus de 200 km/h avec ta raquette.*"

Ta confiance, ta manière de tenir cette balle comme si elle était déjà ton trophée, m'avait captivée. Et dans ce moment-là, tout me semblait possible—même l'idée que tu pourrais vraiment conquérir le monde, et bien plus encore.

les rêves te feront pleurer

Il n'avait jamais soupçonné
à quel point j'avais besoin d'amour
jusqu'à ce que je ne puisse plus
sentir sa chaleureuse étreinte
enlacée autour de ses muscles fatigués.

ENFER FÉROCE

Si j'avais su
que dissimuler mon amour
ferait surgir un enfer féroce.

Je n'aurais jamais privé
mon cœur de sa liberté,
je l'aurais laissé entier,
sans craindre
les conséquences
dévorantes
de mes sentiments.

les rêves te feront pleurer

Parfois aimer, c'est donner sans mesure,
mais c'est aussi, sans le vouloir,
prendre sans cesse.

Parfois, il m'arrive
de me sentir coupable,
de t'avoir peut-être dérobé
ce qui te passionnait avant moi.

*Je vois dans tes rétines
les rêves que j'ai volés*

et je me demande

*si j'ai effacé les étoiles
qui brillaient avant moi.*

Bras chauds

*Les dimanches sont faits
pour les câlins chaud
sous des draps froids.*

les rêves te feront pleurer

il a réchauffé
mon cœur

et mon âme
s'est remplie

de tout ce que
j'ai toujours voulu
ressentir.

Qu'est-ce que l'amour ?

L'amour…
c'est écouter du jazz doux
en savourant une tequila,
puis danser lentement dans la cuisine
en préparant ton plat préféré.

les rêves te feront pleurer

Mon bonheur réside ici,
quelque part entre
tes bras chauds.

Je ne cherche pas à être vertueuse
pour atteindre la suprématie céleste.

Je crois avoir accompli
suffisamment de bonnes petites actions,
pour toi,
pour les autres
et pour moi-même,
pour te considérer
comme mon refuge préféré.

"Je me sens calme avec toi"

C'est probablement un compliment étrange,
mais c'est la vérité, car pour la première fois,
je n'ai plus peur.

CAPRICES

Il m'arrivait de murmurer des choses
Dans des moments inappropriés
Simplement pour te voir succomber
À l'un de mes caprices.

Ton sourire était si contagieux,
Et même si tu pensais le contraire,
Je mourais d'envie de le revoir
encore une fois.

Je mourais d'envie
D'être la raison de ce sourire,
Une fois de plus.

Je suis à fleur de peau,
Et tu es à fleur de mots.
Un mot de trop,
Et tu encres tes silences
Dans le creux de mon cou,
Là où tes lèvres,
Murmurent des secrets
Que même les murs rougiraient,
Face à tant de sensualité et d'amour.

les rêves te feront pleurer

Parfois,
les plus doux des abris
sont ceux que nous n'avons jamais envisagés.

Par moment, je me demande,
Si une force céleste veille sur nous.

Si le paradis avait une adresse sur Terre,
Ce serait là,
Chaque fois que je me retrouve
Enveloppée dans tes bras.

les rêves te feront pleurer

Mon cœur est suffisant.
Au fil des mois,
je pensais que mon âme
devait être immolée d'amour.

Puis, j'ai compris que je n'avais pas
besoin de romantiser les choses.

Nos balades matinales dans les parcs,
tes fredonnements sous la douche,
ta façon de mettre des miettes
de croissant partout sur ta chemise.
Tout cela me suffit entièrement.

Et si c'est ça,
si c'est tout ce que je dois avoir,

juste toi,
les fredonnements,
les petits croissants,
les arbres,
le ciel et la mer.

Alors,
tout me suffit.

Dis-moi comment s'est passée ta journée

est une phrase qui ressemble à un câlin.

les rêves te feront pleurer

La tête entre ses mains,
il se prélassait dans l'herbe.
les mouettes dansaient au gré du vent,
son pull Ralph Lauren drapé sur ses épaules.

Nous étions sur le plus beau balcon,
amoureux du vertige,
nos âmes en osmose,
le cœur battant au rythme des vagues.

Nous nous fondions
dans cette nature mourante,
embrassant l'immensité
des falaises d'Étretat,

comme si la nature elle-même
avait été immortalisée
par le talent d'un peintre renommé.

L'amour ce n'est pas
de grands gestes
ou des démonstrations
explosives

mais de petites choses
qui murmurent

je suis là
et je tiens à toi

les rêves te feront pleurer

Le plus beau des poèmes
est de trouver quelqu'un
qui rêve d'explorer le monde
tout en savourant
les dimanches après-midi
à ne rien faire.

Jamais je n'aurais pu imaginer,
même en rêve,
rencontrer une personne
aussi extraordinaire.

C'est comme si Dieu savait
que mon imagination avait ses limites.

Alors, il m'a donné bien plus
que ce que j'aurais pu espérer.

Hé dis-moi si je dérape,

ou si c'est moi qui m'enivre de toi.

*Je suis juste
quelqu'un
qui s'enivre
du goût de toi.*

*Tes lèvres,
sont un délice,
et nos corps,
deviennent complices.*

les rêves te feront pleurer

Je lui apporte
la dose de réalité
et de simplicité
qui manquait à sa vie.

Lui, de son côté,
me fait découvrir
un monde de passion
et d'excitation.

Sarra Salhi

C'est ce genre d'histoire d'amour
où tu t'attends à une goutte
et il prépare un océan
pour toi.

les rêves te feront pleurer

*les cheveux longs
sauvagement bouclés
dansent autour de mon visage*

*quelques mèches
se collent doucement
à mon rouge à lèvres*

Sarra Salhi

Mon amour,
Emmene-moi à Paris,
Prétendons que notre amour est vrai,
Pour la postérité d'instagram.

les rêves te feront pleurer

Mon corps défie l'attente,
l'envie de me fondre
entièrement en toi
me dévore.

C'était une nuit divine,
remplie de souvenirs.

Nous considérons cette nuit
comme celle où tout a commencé.

Ivres l'un de l'autre,
nos pas se mêlaient au silence
des ruelles inanimées
de tout Paris.

les rêves te feront pleurer

Je comprends
toutes les notions subtiles
de la vitesse,

ce frisson
qui manquait cruellement
à ma vie.

Le vertige du précipice,
teinté de délices,

la saveur du péché
qui s'apparente à
cet amour enivrant.

Les nuits
ne sont plus faites
pour dormir,
mais pour désirer.

Alors, parle-moi toute la nuit,
de la pluie et du temps qui passe,
de ce qui nous est destiné.

Et même si le ciel nous dévore,
je veux que nos éclats de rire
résonnent encore,
même après l'orage.

les rêves te feront pleurer

Aimer,
c'est danser lentement
avec son âme,
puis lui offrir quelque chose à boire,
en espérant que cette nuit-là,
vous dormirez ensemble,
tombant dans l'abîme
de l'autre…

> T'es bourré ?

Oui je suis ivre. Et tu es magnifique.

Demain matin je serais sobre et tu seras toujours aussi belle !

les rêves te feront pleurer

Emportons nos rêves dans nos bagages,
roulons les fenêtres grandes ouvertes,
laissons la musique de la radio couvrir
le bruit de nos pensées.

Fais-moi sentir ce vertige,
celui qui surgit de la vitesse, de l'audace,
en effleurant les villas blanches sur la côte.

Éloignons-nous de cette putain de vie
qui nous étrangle.
Vivons sans frein,
sans peur du lendemain.

Brûlons d'amour avec une intensité
qui nous consume, mais nous laisse vivants,
si terriblement vivants.

L'été est dans l'air ,
le paradis est sur Terre.

Sarra Salhi

Non, je n'ai jamais aimé
les routes bordées de cyprès,
ni ressenti d'admiration pour la Toscane,
jusqu'à ce que tes lèvres
trouvent les miennes là-bas.

Mais maintenant,
je crois que peut-être,
lorsque tu es près de moi,

je t'aime partout

les rêves te feront pleurer

Quand mes yeux se perdent dans l'immensité de l'océan,
Je songe à toute cette étendue d'eau
Qui recouvre la terre entière.

Si l'eau de cet océan était fait d'encre bleue,
alors, je gaspillerais toutes ses ressources
Pour écrire des millions de poèmes
Qui ne parlent que de toi.

*Avec toi j'ai connu
un amour sans rature.*

les rêves te feront pleurer

Laissons le monde
s'effacer de nos rétines.

Gaspille ton argent
avec désinvolture,
En futilités.

Offre-moi
une nouvelle coiffure
pour me réinventer.

Envie d'eaux turquoises et de cocktails au shaker

les rêves te feront pleurer

*l'été est plus chaud quand
l'âme s'habille d'amour.*

Sous le ciel bleu azur,
je veux m'envoler,
planer à tes côtés.

Sentir le souffle de tes baisers
glisser le long de mon dos,
éveillant tous mes sens.

Je veux voir
les ombres des palmiers
se dessiner sur ta peau.

Que chaque rayon de soleil
vienne incendier nos cœurs.

les rêves te feront pleurer

Tu es absorbé par l'immensité du ciel
chaque coucher de soleil
te fascine
te captive
t'amenant à imaginer combien
dieu doit être satisfait
après avoir peint une merveille pareille.

Tu perçois l'harmonie dans ce ciel
chaque élément s'emboîte parfaitement
dans un tout cohérent
qu'aucun coucher de soleil
ne peut rivaliser
et détourner ton regard de moi.

Tu me regardes
en disant
qu'il y a quelque chose de plus beau
que les couchers de soleil

Et tu te demandes
combien dieu doit être comblé
d'avoir créé un être
aussi sublime
que les couchers de soleil.

Je ne sais pas ce qu'il en est de toi. Peut-être que c'est la façon dont rien d'autre ne compte quand nous sommes ensemble, ou comment tu me fais sourire plus que quiconque. Cela pourrait être la façon dont tu dis les bonnes choses au bon moment. Mais quoi qu'il en soit, je ne semble pas pouvoir m'en lasser.

Du moins pas maintenant.

● REGARD BLEU ●

Je n'avais jamais songé
à ma couleur préférée auparavant,
ça ne m'a jamais semblé
important de la connaître.

Ce n'est que lorsque j'ai regardé
dans tes yeux bleus océan
que j'ai réalisé que peut-être
la noyade était une belle chose.

Ce n'est que lorsque j'ai regardé
dans tes yeux bleus de feu
que j'ai réalisé que brûler
était peut-être une chose indolore.

Ce n'est que lorsque j'ai regardé
dans tes yeux bleu ciel
que j'ai réalisé que peut-être
tomber de haut était une chose paisible.

Je n'avais jamais vraiment songé
à quelle était ma couleur préférée,
jusqu'à ce que je découvre une teinte
qui semblait être digne de refléter
tout l'amour que tu me portes.

 CAFÉ – SANS SUCRE

Chaque matin, tu quittais la douceur de tes rêves et la chaleur des draps, laissant derrière toi ma peau tendre. Dans le silence de l'aube, tu préparais ton café noir – sans sucre.

Je t'ai rejoint la tête encore dans les nuages, enroulée dans une couverture. Nos regards se croisaient, une complicité muette s'installait.
Puis j'ai rompu ce silence :
– *Pourquoi ne mets-tu jamais de sucre dans ton café ?*

Tu m'as souri, avant de me confier :

– *J'aime ressentir toute l'amertume du café,*
elle me rappelle que tout n'est pas toujours doux.

C'est à cet instant que j'ai compris cette part de toi, de nous. Notre amour était un parfait mélange de l'amertume du café noir et de la douceur des draps partagés.

les rêves te feront pleurer

Mon cœur,
est une mer agitée,
déferlant des vagues tumultueuses,
renversant les âmes courageuses qui osent s'y aventurer.

Tu pouvais paraître froid,
agir comme si rien ne t'atteignait,
mais je ressens ta douleur,
si souvent,
que j'ai dû apprendre
à ne pas me laisser
submerger par les vagues.

les rêves te feront pleurer

Mon cœur oscillait
entre le désir de goûter
et de vivre mille émotions,
mais parfois,
je sentais des orties
autour de mon cœur,
rendant chaque battement difficile.

Et cette réalité
faisait mal à mon âme.

Ses yeux bleus les plus aimés,
ne cessaient de m'admirer,

mais parfois, ils me regardaient
avec indifférence.

Son cœur semblait
tout simplement ailleurs.

les rêves te feront pleurer

*Combien de temps il nous reste
avant que l'orage nous dévore?*

Dis-moi, est-ce toi ou l'été qui s'en va?

rêves gachés

— Veux-tu me soutenir ?
Parce que je suis un homme bâti
pour tomber.

J'ai prit une profonde inspiration avant
de te confier que je désirais goûter
à ton désastre.

J'ignorais combien de temps
il pouvait dissimuler *sa douleur*,
jusqu'à ce que je le prenne dans mes bras
et qu'il s'effondre en toute *sécurité*.

les rêves te feront pleurer

S'il te plaît,
sois doux avec ce que tu verras...

Ce que je m'apprête à te dévoiler
est la part la plus brute de moi.

Je n'avais pas saisi
ce que tu voulais dire,
lorsque tu me répétais
que ma présence suffisait
à apporter du soleil
à tes jours les plus
sombres.

Maintenant, je sais.

les rêves te feront pleurer

Il y avait des signes que je ne voulais certainement pas voir, des indices que je préférais ignorer, les prenant pour de simples éclats de ton esprit compétitif. Tu avais toujours cette lueur dans les yeux, une flamme de défi que j'interprétais souvent comme un jeu.

Ce jour là, le ciel était clair, l'eau d'un bleu profond, et les bateaux se balançaient doucement sur les vagues. Nous étions si loin de tout, entourés par l'immensité de la mer. Puis, sans prévenir, tu as plongé. J'ai regardé par dessus, le cœur battant, en m'attendant à te voir réapparaître, comme d'habitude.

Le temps s'est étiré à l'infini et la panique a commencé à monter en moi, chaque seconde devenait une éternité. J'espérais revoir l'ombre de ta silhouette dans ce bleu profond. Finalement, tu es remonté à la surface, et tu m'as avoué, entre deux souffles, que tu espérais savoir combien de temps il te faudrait pour se noyer, combien de temps il te faudrait pour retenir ta respiration avant que tes poumons cèdent.

Je me demande à présent ce qui te poussait à explorer de telles profondeurs et à te perdre dans ces abysses sombres et vides. Quels démons intérieurs pouvaient te guider vers ces lieux obscurs, bien au-delà du seuil de pauvreté de tes pensées dépressives ?

Le mystère de ta douleur reste suspendu dans l'air, une question sans réponse, une ombre qui plane sur mes souvenirs.

*il y a les cicatrices,
les marques dissimulées
qui ornent tes hanches,
que tu hésites à révéler
la nuit, par crainte
de la rivalité
entre le souffle et
l'obscurité.*

les rêves te feront pleurer

un corps d'athlète
qui s'effrite
enfermé dans une vie
qu'il déteste
qu'il méprise
dans l'espoir vain
de devenir
ce qu'il sait impossible.

Montre-moi tes plus profondes insécurités,
Celles que tu dissimules au monde entier,
Celles que la célébrité a exacerbées.
Il n'y a rien qui puisse me faire fuir.

les rêves te feront pleurer

Je te promets d'être là
Pour te rappeler que ta valeur
Ne se mesure pas aux trophées
Ni aux acclamations des gens.

Je te promets d'être
Cette épaule solide sur laquelle
Tu peux te reposer lorsque
Tes muscles seront fatigués.

• SOURIRE FORCÉ •

Beaucoup ignorent à quel point il était difficile de supporter tes sautes d'humeur. Les insultes incessantes que tu recevais sur les réseaux sociaux venaient parasiter notre quotidien. Chaque match semblait une bataille non seulement contre ton adversaire, mais aussi contre tes propres démons.

Les regards extérieurs voyaient un champion, mais moi, je voyais la fragilité et la douleur derrière chaque coup de raquette. C'est cette souffrance silencieuse, cachée derrière le sourire forcé pour les caméras, qui me troublait vraiment.

Ce qui m'inquiétait le plus, c'était de passer mes nuits avec la boule au ventre de te savoir loin de moi, et d'être spectatrice de ta dépression sur le circuit.

les rêves te feront pleurer

Chaque jour,
tu entraînes ton âme,
peu importe ce que tu fais.

Tu cours après l'illusion,
les chevilles couvertes
de terre battue.

Tu troques l'amour
contre une raquette
et un short blanc.

Dans ton monde,
l'amour semble absent,
tu t'égares,
perdant peu à peu de l'élan.

Tu te sens prisonnier
d'un rêve innaccesible.

Parfois,
je me demande
de quel côté le soleil
se couche dans ton monde...

les rêves te feront pleurer

Prenons nos responsabilités,
soyons vrais et vulnérables.

Creusons profondément
pour découvrir nos vérités cachées.

L'amertume qui nous envahit,
d'où vient-elle vraiment?
Qu'a-t-elle engendré en nous
avant de nous empoisonner?

Creuse au plus profond de ton âme,
dévoile
> *tes peurs, tes doutes,*
> *tes espoirs, tes drames.*

Dénoue les racines de tes peurs,
regarde-les attentivement.

C'est en se salissant les mains
que notre jardin fleurira.

Mocassins blancs,
goûter l'après-midi,
du miel et du citron
coule dans tes veines.

les rêves te feront pleurer

Eau de Cologne,
Chino blanc,
Dom Pérignon
Pull en cachemire.
Des courts de tennis
Des bords de mer,
des coins perdus.

J'ai été élevée
au milieu
Des scorpions,
désormais,
j'apprends le chant
Des oiseaux.

Sarra Salhi

J'aimerais reléguer
leur monde de riches
qui n'est pas le mien
dans un coin sombre,
et leur dire
d'aller se faire foutre,

avec leur opulence,
leurs rires dorés,
leurs regards condescendants,

leur monde de privilèges,
qui ne me comprend pas,
et ne me voit pas.

les rêves te feront pleurer

Je flirte entre la tendresse
et les rumeurs dans la presse.
Je marche sur un fil qui n'est pas le mien,
leurs insultes donnent racine à mes pleurs.

Pardonnez-moi pour cette intrusion,
J'ai été séduite par vos couleurs,
Elles ont le goût d'une carte postale
Et me donnent envie d'enterrer mon nom.

J'ai tenté de colorier
ma presqu'île
de vos plus belles couleurs.

J'aurais pu choisir
un meilleur synopsis.

D'un côté, il y a toi,
et de l'autre côté,
il y a tous les mots qui blessent
et ces gens qui m'indiffèrent.

les rêves te feront pleurer

De la peur
dans mes yeux d'enfants
Pour affronter
ton monde si grand.

Les coquelicot,
sont témoins
des larmes que j'ai versées.

Mes rêves,
démesurément grands,
m'ont répudiée.

Je suis cette femme
qui rêve de changer le monde
qui trouve refuge
sur la bonté des étrangers
qui fait des nœuds
avec des queues de cerises.

Je suis cette femme
délicate et volcanique
qui cache des failles
sucrées-salées

Je suis cette femme
que la société néglige
qui m'a persuadée que le monde
pouvait se passer de moi.

les rêves te feront pleurer

Lorsque que j'ai mis suffisamment
de distance entre moi et la ville où j'ai grandi.

J'ai commencé à percevoir sa beauté.
J'ai commencé à la voir de la même manière
que le font les étrangers – peut-être parce que
j'étais devenue moi même une étrangère ?

• ÉCHAPPÉE BELLE •

Sans que je m'en rende compte, je suis devenue l'incarnation d'un rêve d'évasion, le fantasme silencieux de toutes celles qui suffoquaient derrière les murs épais des tours de trente étages. Chaque jour, elles espéraient, désespérément, que quelqu'un les arrache à leur existence grise, se demandant avec une amertume insidieuse si le monde que j'avais découvert pouvait être plus clément, plus indulgent que le leur.

Puis, j'ai compris. Notre relation n'était pas qu'une question de survie pour moi, mais aussi une flamme vacillante d'espoir pour ces jeunes femmes, aux teints ambrés, aux boucles serrées qui, comme moi, cherchaient désespérément une issue, un moyen de fuir l'oppression de leur réalité.

Mon cœur est une banlieue,
une palette de couleurs,
une palette de cultures.

Mon coeur est une banlieue,
qu'on méprise lorsqu'elle parle de futur
et d'avenir prometteur.

les rêves te feront pleurer

J'ai navigué différemment dans ce monde,
À la recherche d'un dieu qui entend les prières,
Où les chants résonnent mieux,
Où les miracles et les rêves prennent vie.
Pourtant, en semant le bien,
j'ai récolté le revers du karma.

Ce monde où celui qui sème le bien
Rencontre l'injustice et le mal.

Draps froids

J'avais peur de retrouver
ma routine quotidienne,
car cela signifiait
affronter la réalité.

la vie devait continuer sans toi

les rêves te feront pleurer

Je déborde d'amour,

je donne un amour inconditionnel aux autres,
mes sentiments baignent dans des eaux pures.

*Alors pourquoi ma propre rive n'est-elle
jamais atteinte par ces flots d amour ?*

Les dimanches matins sont les plus difficiles. Quand la dopamine de la nuit précédente s'est dissipée, et mon cœur désire tellement que tu me serres si fort qu'il semble être prêt à se briser en mille morceaux, et je veux d'une certaine manière te dire :
"*Reste encore un peu jusqu'à ce que je m'endorme*".

Mais je sais que ça ne changerait rien,

Alors je ne dis rien.

les rêves te feront pleurer

Tes départs ont métamorphosé
notre idylle en un désert aride et stérile,
dépourvu de tout rayon de soleil.

DANS LE CHAOS

Nous pensions partager la même conception de l'amour, mais tu étais excessivement focalisé sur la quête du match parfait. Tu percevais notre amour comme un duel que tu voulais mener seul, cherchant à me battre même au milieu du chaos.

L'amour ne se limite pas aux victoires et ne comporte aucun jeu de pouvoir, aucune bataille, aucun rapport de force.

Ceux qui ne savent pas reconnaître une belle âme sont ceux qui finissent par vous perdre.

les rêves te feront pleurer

Me dire "*Je t'aime*"
pourrait alléger mon coeur
à chacun de tes départs
pour tes Chelem.

Je comblais ton absence
En écrivant tous ces petits détails,
Comme la manière dont tu préparais mon café,
La façon dont tu entortillais mes boucles avec tes doigts,
Ou encore la façon dont tes lèvres mordaient mon cou.

En un simple regard,
Tu comprenais ce que d'autres
N'avaient pas pu saisir en dix mois.

J'aimais ta façon de m'aimer,
Car tu chérissais tout ce que les autres
Avaient négligé chez moi.

les rêves te feront pleurer

Construis-moi des avions en papier,
   Pour voguer loin de ce monde,
      quand tu t'en vas.

"Tu as arrêté de dire bonne nuit
et j'ai arrêté de dormir."

— *les yeux inondés d'amour, p. 44*

les rêves te feront pleurer

Tu vois,
ça a commencé lentement...

Les nuits solitaires
sont devenues bien trop courantes,
le téléphone est devenu silencieux.

J'ai perdu un petit morceau
de toi chaque jour,
jusqu'à ce qu'il ne reste
plus rien à retenir.

Te perdre a fait mal,
et cela ne s'est pas passé
du jour au lendemain.

Je te tiens pour responsable
d'avoir craqué
l'allumette en premier,
déclenchant ainsi l'incendie en moi
qui a tout consumé sur son passage.

Il était trop tard pour les excuses.
Apres tous les dégâts
que tu as laissées derrière toi.

Dans ma vie,
je n'ai jamais aimé quelqu'un
autant que je t'ai aimé.

Et en même temps,
je ne me suis jamais sentie
aussi *mal aimée*
par quelqu'un d'autre
que par toi.

On m'a dit que l'amour que je ressentais,
vibrant sous ma poitrine,

n'était rien d'autre qu'un tour cruel
que mon esprit jouait à mon cœur,

et je sais que c'était vrai.

les rêves te feront pleurer

Je me surprends à errer le soir
dans les rues de Paris,
essayant de retrouver ton visage
dans chaque personne que je rencontre
et dans chaque passant qui passe.

J'espère y trouver
un visage similaire au tien.

Je te désirais de la pire des façons.

Comme un fumeur
fuit la fumée d'une cigarette,

Comme la nuit
aspire à fusionner avec le jour.

les rêves te feront pleurer

 Tu m'as convaincue de partir,
alors que je te suppliais de rester.
C'est là que se dessine
notre rapport de force.

> *L'un détient le pouvoir,*
> *et l'autre a le cœur brisé.*

Certaines personnes ont tellement peur
de faire un pas vers une nouvelle vie
qu'elles ferment les yeux
sur tout ce qui n'est pas parfait
obsédées par la perfection.

Mais un jour,
elles se réveillent
dans des draps froids
et réalisent que leurs objectifs
sont dénués de sens.

les rêves te feront pleurer

Il se peut,
que les bras
sur lesquels tu trouvais du réconfort
ne te conviennent plus
et que d'autres
ont su capturer ta détresse
que je ne parvenais plus
à comprendre.

Les femmes comme moi
savent faire la différence
entre le miel et l'abeille,
et pourtant,
nous persistons toujours
à poursuivre ce qui
nous pique.

les rêves te feront pleurer

Dans ton silence,
j'ai trouvé les réponses
les plus bruyantes
que même les mots
ne pouvaient donner.

Des messages envoyés
laissés en "lu"
des signaux contradictoires
et une perte d'intérêt
après chaque conversation.

Ma vie n'avait pas besoin d'être romantisée.
Mais j'avais ce besoin de me sentir immolée d'amour,
De vivre une passion enivrante,
De sentir l'écho de mon propre cœur
Battre sous la poitrine d'un autre.

Mais j'ai compris que cet amour
Épuisait toute mon essence,
Il semait le doute en moi,
Me faisait sentir illégitime
Et indigne d'amour.

Je ne peux pas forcer quelqu'un à m'aimer
S'il n'est pas capable de tenir fermement
Mon cœur sans le laisser tomber.

L'amour ne devrait pas ressembler
À un bras de fer,
Il ne doit pas blesser, ni me faire pleurer.

Le véritable amour
T'éloigne instinctivement
De tout ce qui peut te nuire.

les rêves te feront pleurer

Je te vois courir après quelque chose, mais ce n'est plus moi que tu poursuis. Lorsque j'étais sur le point de partir, tu ne m'as pas retenue, car la raquette a toujours été ta compagne fidèle.

Tes proches ne te voient que trois semaines par an, tandis que tu erres aux quatre coins du monde. Tu as choisi une vie de nomade, une existence faite d'avions, d'hôtels et d'une fatigue incessante que je ne pourrai jamais comprendre.

En quête perpétuelle d'un rêve évanescent que tu effleures du bout des doigts, tu te consumes peu à peu, comme un papillon de nuit attiré par une lumière glaciale. Ton jeune corps porte déjà les stigmates du sport de haut niveau. Tu caches tes blessures, dissimulant la vérité à ceux qui te soutiennent, car je sais combien elles plongent ton monde dans les ténèbres, comme si l'on arrachait la main d'un peintre.

Ton voyage est une course contre l'invisible, un décalage cruel entre ce que tu cherches et ce que tu atteins réellement. Tu es cette étoile brillante qu'on aperçoit dans un ciel sombre, dévorée par l'immensité de la nuit.

J'étais prête
à laisser tomber
tout le monde pour lui.

Mais lui,
n'était pas prêt
à en faire autant pour moi.

les rêves te feront pleurer

Au tennis,
tu peux servir *deux fois,*
mais une histoire d'amour
ne se vit qu'*une seule fois.*

Il n'y a rien d'autre que des draps froids dans un lit vide,
Ce lit où nous étions autrefois fois si proches,
désormais fait monde à part.

Ce lit vers lequel je tends encore la main de ton côté,
Pour y trouver seulement les empreintes
que ton corps remplissait autrefois.

Dans ces moments de froid et de solitude,
Je n'ai jamais autant désiré que ton âme
entremêle la mienne dans ces draps froids,

Il ne reste rien d'autre dans ce lit vide,
il ne reste que les marques de mon mascara et
les larmes que j'ai versé sur l'oreiller.

Certaines décisions dans la vie
brisent le cœur,
mais vous devrez les faire.

Larmes sur l'oreiller

les rêves te feront pleurer

Ces nuits où je pleure en silence dans l'oreiller,
Sanglotant dans la même pièce que toi,
Tu avais l'esprit tranquille,
Complètement absorbé par ton téléphone.

Ces nuits-là, où j'ai pleuré
Silencieusement,
À tes côtés,
Tu n'as rien remarqué.

J'ai soudainement pris conscience,
Que j'étais *seule*,

Seule à pleurer,
Seule à ressentir que je te perdais.

Désormais, j'étais seule.

Tes affaires avaient disparu.
L'appartement avait absorbé ta voix,
comme l'oreiller qui recueille mes cris de larmes.

les rêves te feront pleurer

Tu m'as perdu
le jour où tu as choisi
de dormir alors que tu savais
que je pleurais pour toi.

Je n'ai pas cherché
à être blessé

j'ai cherché
l'amour

mais étrangement
j'ai obtenu
les deux

tu as aimé
mon cœur

puis tu l'as brisé

les rêves te feront pleurer

Mon sourire
A toujours été apprécié
Pour les jolies
Fossettes qu'il crée.

Les gens ont vite remarqué
Qu'il ne figurait plus
Sur les photos.

Ils ont vu
Que tu commençais
À être la raison
De l'absence de ce sourire.

Alors je t'ai donné le mien
Sans me soucier qu'en retour,
Je pourrais perdre le mien.

Parce que j'étais prête à mourir
D'envie de te voir sourire.

L'âme sœur que j'ai vu une fois en toi
s'est transformée en *un étranger*
que mon cœur n'a pas pu identifier

les rêves te feront pleurer

*J'ai fait comme si ça ne voulait rien dire,
mais en réalité, ça m'a brisé le cœur.*

Certaines personnes
nous blessent
par leurs paroles

d'autres,
par leurs actions

et d'autres
par leur silence,

mais la plus grande blessure
survient lorsque nous valorisons
quelqu'un qui mène sa vie sans nous.

les rêves te feront pleurer

il vaut mieux être seule,
que de se trouver
au mauvais endroit,
et dans le mauvais coeur.

À chaque fois que j'espérais
recevoir de l'amour,
je trouvais toujours
quelqu'un qui tentait
de me *donner une leçon.*

Et le pire,
c'est que ça finissait toujours
par être quelque chose
que je savais déjà.

les rêves te feront pleurer

> *Il pleut sur mon coeur*
> *des liqueurs, des pleures*
> *et une ivresse mélancolique.*

Si on me demande comment je vais,
je répondrai *" tout va bien"*
car j'ai appris
à garder toutes mes larmes
pour la nuit.

les rêves te feront pleurer

À mon réveil,
le ciel pleure.

*Est-ce moi qui déverse
ma tristesse sur la terre* ?

● BOUQUET DE PLEURS ●

Le ciel a besoin du chagrin des femmes
Pour arroser les jardins de fleurs,
Pour que les hommes puissent
Composer les plus beaux bouquets.

*Les larmes retenues ne sont rien
d'autre qu'une tempête intérieure.*

*Nous ne sommes pas faits
pour retenir la pluie du ciel.*

Les traces de mascara
laissées sur l'oreiller
sont les cris du cœur.

les rêves te feront pleurer

De nos longues conversations,
Assis à l'arrière de la voiture,

Où nous redéfinissions le monde,
Condamnant les amours éphémères
et les promesses en l'air.

Le ciel étoilé
nous a assignés au même sort.

Parfois, nous repoussons les gens
pour voir s'ils reviendront,
mais ton indifférence
m'a fait comprendre
que j'avais commis
une erreur.

les rêves te feront pleurer

*J'insulte les étoiles dans le ciel
Quand je ferme les yeux sans toi.
Je provoque le divin comme
on provoque l'enfer.*

Ça me dévaste,
quand je prends conscience
que c'est moi qui tricotais
de fausses théories sur l'amour.

Tu ne prenais plus plaisir
à visionner notre film préféré,
ni à écouter nos chansons préférées
sur lesquelles nous dansions autrefois.

Je savais que ce n'était pas le film,
ni la chanson,
mais ma présence auprès de toi
qui n'avait plus de valeur.

les rêves te feront pleurer

J'ai refusé de croire que les lèvres que j'aimais
embrasser puissent prononcer les mots
"au revoir"

Un jour,
tu regarderas en arrière
et tu te diras :

*"Elle m'aimait vraiment,
mais je n'ai pas su l'apprécier."*

les rêves te feront pleurer

et pour chaque brûlure caustique
de mes sentiments qui épuisent mon cœur blessé
je choisirai de répondre par le silence...

PIÉTINER

Il y avait de la souffrance qui émanait de toi et tu voulais que tout le monde le remarque. Tu agissais d'une manière odieuse, avec ce désir de tout détruire, d'anéantir tout ce qu'il y avait de beau dans ta vie, comme cette fleur qui avait éclos et que tu piétinais, que tu privais de lumière et d'eau pour la laisser faner. Tu oubliais de lui dire chaque jour qu'elle était belle, tu lui arrachais ses pétales et les laissais pourrir sur le sol.

les rêves te feront pleurer

Je suis cette personne qui donne.

Donneuse de trop de chances
 et de trop de pardon.

Trop de "*ce n'est pas grave*"
et pas assez de "*tu m'as vraiment blessée*".

Mon départ ne t'a pas affecté,
au contraire,
tu semblais indifférent,
et j'irais même jusqu'à dire
que tu étais soulagé
que je fasse *le sale boulot* à ta place.

Ce qui m'a écrasé de peine, c'est de
constater à quelle vitesse tu as repris ton
chemin et reconstruit ta vie.

Pendant cette période, j'ai dû reconstruire
les décombres de tout ce que tu avais
laissé en chaos dans ma propre vie.

les rêves te feront pleurer

Même les sentiments
les plus forts meurent
d'indifférence.

Sur le rebord de la fenêtre,
J'improvise une terrasse.

J'ai vu défiler les quatre saisons.
C'est incroyable de voir comment
les chagrins peuvent laisser des traces.

J'ai essayé de survivre sans toi,
car tu ne m'as pas laissé d'autre choix.

J'ai découvert les abysses de l'enfer,
Mais surtout, j'ai exploré tous
les fragments de paradis
sur cette terre.

les rêves te feront pleurer

J'espère que tu trouves
du réconfort dans la gloire,
et que les trophées brillent
davantage dans tes yeux
que moi.

Je sais combien les rêves
peuvent être cruels,
combien ils peuvent
faire pleurer ton cœur.

TENTATION

Même si je prétends l'inverse et que je fais croire au monde entier que je suis passée à autre chose, il reste une partie de moi qui se soucie toujours.

Je sais que je ne devrais plus allumer la télé pour te voir jouer au tennis ni taper ton nom sur Google pour voir ce que tu deviens, mais je ne peux pas résister à la tentation.

Tu songes à la fin de notre idylle
mais tu m'embrasses à nouveau.

Tu qualifies ce geste
comme un dénouement
mais moi je le perçois comme
l'effondrement d'un gratte-ciel.

j'aimerais te demander de rester
simplement en te suppliant
mais mes cordes vocales se taisent,
et mes poumons se contractent
à bout d'air.

J'ai étranglé ma parole
par trop de fierté.

- Je trouve cela fascinant de constater comment, lorsque nous commençons à tomber amoureux de quelqu'un, nous mémorisons progressivement chaque détail à leur sujet. La station de radio qu'ils préfèrent écouter au réveil, la façon dont ils dorment avec un pied hors de la couverture, la manière dont ils se glissent dans leur jean, si familière, si intime, ou encore comment les rayons du soleil illuminent leurs cheveux.

Puis un jour... tout cela s'efface... on ignore comment l'amnésie est arrivée... On peut oublier toutes ces petites choses à leur sujet, mais on n'oublie jamais comment ils nous ont fait sentir aussi fébrile.

les rêves te feront pleurer

J'essaie de ressentir
quelque chose
pour quelqu'un d'autre.
Mais tout ce que je vois en eux,
c'est comment ils sont,
ou comment ils ne sont pas toi.

*À propos de cet amour
qui s'est terminé dans la douleur*

Nos regards avouaient
une vérité que nos lèvres
n'osaient prononcer,
une promesse éternelle
enfermée dans les yeux de l'autre.

les rêves te feront pleurer

Je veux t'entendre dire
que tu penses encore à moi.
Même si c'est un mensonge,
même si rien n'en découle.

Tout ce que je veux,
c'est savoir si j'ai compté pour toi
plus que tu ne me l'as laissé croire.

Je refuse de croire que ton esprit
ait fait une amnésie sur tout
ce que nous avons vécu.

Ce serait vraiment injuste pour moi,
car vois-tu, dans mon esprit,
l'amour brûle à vif.

●　　　CAFÉ PARISIEN　　　●

Il y avait de l'obscurité en toi, mais tu n'as jamais cessé de me regarder comme si j'étais le soleil dans un ciel bleu azur qui plane au-dessus d'une ville grise. Cela me ramène à nos moments passés sur les terrasses des cafés parisiens, à nous donner des coups de pied sous la table par inadvertance, à nous fixer un peu trop longtemps.

Nous avons si facilement ignoré cette tension entre nous, cette chaleur latente. Qu'il m'arrive souvent de repenser à nous, à la façon dont je te regardais et à la manière dont tu me regardais, exactement ainsi.

les rêves te feront pleurer

Parce qu'il se peut qu'il y ait eu de bonnes choses
Qui ne se sont jamais réalisées,
Et qu'elles ont éclaté,
Comme des étoiles filantes
Dans un ciel que tu ne pouvais pas toucher.

Je suis partie avec ce fardeau
En pensant que je n'étais pas assez :
Pas assez pour ton monde,
Pas assez pour toi,
Pas assez pour faire ce que tu étais destiné à faire.

Mais même là,
Lors de ces promenades solitaires la nuit,
Dans les canyons de tes inquiétudes,
Tu as trouvé la gloire, la lumière,
Même si parfois,
Les rêves te font pleurer.

Apprendre à te connaître a été
inattendu,
magique,
une multitude de premières fois
en même temps.

Tomber amoureuse de toi a été
facile,
et sans effort.

Tomber hors de l'amour a été
difficile,
exigeant,
et incroyablement laid.

les rêves te feront pleurer

Nous avons simplement cessé de nous donner des nouvelles. Chaque jour, je me demande comment nous avons pu devenir de simples inconnus alors que nous étions tout l'un pour l'autre. Nous étions inséparables, comme deux âmes qui se complètent. Mais... cela n'a pas suffi. On dit que l'amour est plus fort que tout. Pourquoi ne l'a-t-il pas été pour nous ?

Je repense à notre histoire comme à un doux souvenir, une mélodie nostalgique qui me fait mal à chaque note. C'est déchirant de réaliser que je ne sais plus rien de toi. Depuis notre séparation, je n'ai jamais réussi à retrouver ma paix intérieure.

À quoi bon construire quelque chose d'aussi beau pour finalement tout laisser de côté ?

En y repensant, c'était magnifique. Et peut-être que cela en valait la peine. Car même si nos chemins se sont séparés, ce bout de route parcouru à tes côtés m'a rendue tellement vivante. Ces moments partagés, nos rires, nos rêves, tout cela résonne encore en moi comme un écho lointain. Et malgré la douleur, je chéris ces souvenirs.

Nous étions deux étoiles filantes, brièvement entrelacées avant de reprendre nos trajectoires solitaires. Pourtant, dans cette brève rencontre, j'ai trouvé une intensité que je n'aurais jamais imaginée. C'est peut-être ça, la beauté de notre amour gaché. Nous avons aimé, perdu, et pourtant, quelque part au fond de moi, je sais que c'était réel.

Il y avait un avant et un après.
Je sais que je ne peux pas revenir en arrière
Mais je veux voir ce qui vient après le *"après"*.
Après la douleur, après la guérison.

les rêves te feront pleurer

Un jour,
par pure coïncidence,
je me retrouverai au bon endroit,
au bon moment.

Et des millions de chemins
Convergeront à nouveau
vers toi.

Je me sens coupable
pour tous ces arbres abattus,
mais tout cela aurait pu être évité
si tu m'avais réellement aimer.

Tu avais ta vie à vivre,
Et moi, des pages blanches à remplir.

Pardon pour ce désastre.

Découvrez le premier recueil de Sarra Salhi
Les yeux inondés d'amour (2023)

Ce livre explore des thèmes profonds tels que le love bombing et la souffrance qu'engendre le ghosting. À travers une série de poèmes et de récits, Sarra Salhi capte avec sensibilité les nuances de l'amour moderne et les douleurs invisibles qu'il peut causer.

Disponible chez boD, Amazon, Fnac, Autre Librairie

Pour être informé des prochaines publications et des actualités de Sarra Salhi, scannez ce QR code.